AF453648

DE L'INFLUENCE

DES BEAUX-ARTS

LA FÉLICITÉ PUBLIQUE.

PÉRICLÈS.

DE L'INFLUENCE

DES BEAUX-ARTS

SUR

LA FÉLICITÉ PUBLIQUE

PAR

CHARLES D'ALBERG

ASSOCIÉ ÉTRANGER

DE L'INSTITUT DE FRANCE.

A PARME

....

DE L'IMPRIMERIE·BODONI

MDCCCXI.

A SON EXCELLENCE

MARTIUS MASTRILLI

MARQUIS DE GALLO

DES DUCS DE MARILLAN

DES COMTES DE LA ROCHE ET CASAMARCIAN

GRAND DIGNITAIRE

DES ORDRES RR. DES DEUX SICILES

ET DE LA COURONNE DE FER

CHEVALIER

DE L'ORDRE DE LA TOISON D'OR

MINISTRE

DES AFFAIRES ÉTRANGÈRES

ET

CONSEILLER D'ÉTAT DE SA MAJESTÉ

LE ROI

JOACHIM NAPOLÉON

TRÈS RECOMMANDABLE

PAR SES VASTES CONNAISSANCES

DIPLOMATIQUES

QUI A BIEN MÉRITÉ

DE SON ROI ET DE SA PATRIE

PROTECTEUR ÉCLAIRÉ

DE TOUS LES HOMMES A TALENT

CHÉRI ESTIMÉ PAR SES VERTUS SOCIALES

J. B. BODONI

EN TÉMOIGNAGE AUTHENTIQUE

DE SON RESPECT

ET DE SA RECONNOISSANCE

O. D. C.

CETTE ÉDITION.

AU LECTEUR.

Après avoir publié des Classiques Grecs, Latins, Italiens et Anglais, je me suis décidé à donner quelques éditions in-f.° et in-4.° des Classiques Français qui ont rendu célèbre à jamais le siècle de Louis XIV. Mais j'ai cru qu'il convenait d'en offrir préalablement au Public un essai; ce que je fais en lui présentant cet Ouvrage recommandable sous le double rapport de la Félicité publique et des Beaux-Arts, et qui prouve, à mon avis, que son illustre Auteur a véritablement

„ Pien di filosofia la lingua, e 'l petto. „

J. B. BODONI.

PÉRICLÈS.

PÉRICLÈS.

PREMIER DIALOGUE

ANAXAGORE, EURIPIDE.

*Anaxagore sort du théâtre, où l'on a représenté
la tragédie d'Hélène; il rencontre Euripide.*

ANAXAGORE.

Votre ouvrage, Euripide, m'a fait éprouver un véritable plaisir : le caractère de Théonoée, sur-tout, m'a paru sublime. La franchise du vieillard et du chœur, lorsqu'ils parlent du peu de croyance que méritent les oracles, m'étonne, je l'avoue. L'on pense ici que vous vous occupez de la poésie dramatique pour éviter l'intolérante persécution que l'on excite contre ceux qui se dévouent à la philosophie, et qui luttent contre les erreurs et les superstitions populaires; je vois qu'on vous connaît mal; vous avez, ainsi que moi, l'intrépidité nécessaire pour rendre hommage à la vérité. Mais, Euripide, quel motif a pu déterminer le plus éclairé de mes disciples, à quitter l'étude de la philosophie?

EURIPIDE.

L'étude de la Cosmogonie et des Mathématiques conduit à des vérités abstraites, transcendantes, capables d'éclairer les penseurs, mais qui ne sont pas à la portée du grand nombre des hommes. L'ardeur de mon imagination, jointe à l'activité de mon caractère, m'inspira le désir d'émouvoir tous les cœurs, d'influer sur toutes les volontés. L'exemple d'Eschyle excita mon émulation: je sentis bientôt qu'il est difficile d'atteindre à cette clarté d'exposition, à cette grandeur de caractères, à cette énergie d'action, à ce pathétique de situations, à cette beauté de style, qui réunit la majesté de l'épopée à l'intime et profonde sensibilité de l'élégie : je sentis que l'on ne pouvait ajouter à la perfection de son art qui sait émouvoir, qui sait entraîner, qu'en éclairant en même tems l'esprit par des maximes, qui présentent les grandes vérités propres à guider les hommes dans la route de la sagesse. Ces maximes, Anaxagore, je les ai puisées dans votre philosophie ; et si quelquefois mes ouvrages sont préférés à ceux d'Eschyle, c'est à vous que je le dois. Dès-lors, j'ai consacré toute mon existence au culte de Melpomène : ses inspirations sont autant de moyens pour moi d'être utile à mes concitoyens, en exaltant leur courage. Le courage, la plus sublime qualité de l'homme, réside dans le sentiment de ses forces.

La tragédie lui présente, dans des situations de terreur, l'exemple des grands caractères, qui luttèrent sans se démentir
contre le destin, la douleur, la séduction
des passions, la misère, la mort; résolus
de se dévouer à leur propre destruction
plutôt que d'avilir leur ame. À ce spectacle l'homme peut se convaincre, de plus
en plus, que la dignité de son existence
consiste dans la libre énergie de sa volonté,
qui ne doit jamais obéir qu'à la seule véritable puissance, à la conviction du devoir. De tels exemples, présentés avec la
magie de l'exposition dramatique, font
sans doute une impression plus forte que
l'aspect d'une peinture, ou les sons, d'ailleurs touchans, d'une composition musicale. Et quand la tragédie offre des caractères faibles, inconséquens, haineux, cor-
rompus, atroces, nécessairement agités par
les remords ou les inquiétudes, elle prouve

également aux spectateurs une importante vérité; c'est que la félicité, ce calme de
l'ame fondé sur l'harmonie du cœur, de
la raison et de la volonté, ne peut exister
que dans un être vertueux, et par là même
courageux et énergique, qui ne connaît ni
la crainte, ni le reproche intérieur. L'art
dramatique est donc le premier, le plus
important des beaux-arts; mais si la muse
de la tragédie a des charmes pour moi,
j'avoue, Anaxagore, que celle de la comédie m'intéresse faiblement. Convenons
aussi que le mérite de ce spectacle est
bien inférieur à celui de la tragédie.

ANAXAGORE.

La comédie ne serait-elle pas également utile? S'il est vrai que la représentation des tragédies exalte le courage dans
l'ame des spectateurs, ne serait-il pas également vrai que la comédie rabaisse leur

orgueil? Qu'est-ce qui excite le rire à ce
spectacle? n'est-ce pas le contraste entre
les défauts des personnages représentés et
la vaine idée qu'ils ont de leurs perfections
imaginaires? Le spectateur se voit dans ce
miroir; il se dit à lui-même: «Le public
«se moque de ce ridicule, en serais-je
«exempt? ne serais-je pas en effet un objet
«de dérision?» Et qu'est-ce que l'orgueil
et la vanité craignent autant que l'opinion
défavorable des hommes? L'art de Thalie
place les caractères et le jeu des passions
dans des positions qui font ressortir tout
ce qu'ils ont d'exagéré; et si les traits du
ridicule rendent plus modestes ceux qui
s'en trouvent atteints, cet effet n'est-il
pas avantageux à l'humanité? La perfection de l'homme n'est-elle pas la réunion
du courage et de la modestie? L'homme
n'est-il pas au-dessous de la médiocrité,
lorsqu'une de ces deux qualités lui man-

quc? En est-il une plus importante que la connaissance de soi-même? La vive et fidelle représentation des passions, des mœurs et de leurs effets, ne conduit-elle pas à cette connaissance?

Aristophane fait quelquefois du mal en abusant de son génie; mais n'est-il pas souvent utile aux Athéniens, lorsqu'il se joue de leur frivolité, de leur inconséquence, de leurs vices; lorsqu'il les avertit d'en tempérer l'excès?

EURIPIDE.

Vos réflexions me paraissent fondées; mes essais dans le genre satyrique et comique n'ont pas été heureux: les talens sont partagés. Peut-être aussi que le succès manque quelquefois, parce que les accessoires, les décorations, l'accompagnement sont imparfaits, et détruisent l'illusion théâtrale.

ANAXAGORE.

L'art dramatique, si important, comme nous l'avons observé, par le bien qu'il fait aux hommes en exaltant leur courage et en rabaissant leur orgueil, doit et peut se perfectionner encore par le concours de tous les arts, et s'enrichir de ce qu'ils ajoutent à l'énergie et aux jouissances de l'humanité. L'architecture construit ses théâtres; la peinture et la sculpture s'occupent de ses scènes et de ses décorations; la mélodie lyrique embellit ses paroles; la danse, par des mouvemens cadencés, donne à son action plus de précision et de caractère. C'est ainsi qu'il peut réunir le charme de tous les arts, et gagner à mesure qu'ils se perfectionneront dans l'ensemble et la magie de ses effets: tout se lie dans l'univers. Si Périclès daigne m'en croire, il encouragera les progrès des beaux-arts;

il unira cet attrait irrésistible des grâces
et de l'aménité qu'ils répandent sur leurs
protecteurs, aux grandes qualités, aux
vertus et à l'héroïsme dont il nous offre le
modèle: son exemple n'en sera que mieux
suivi.

PÉRICLÈS.

SECOND DIALOGUE

PÉRICLÈS, ANAXAGORE.

Place publique d'Athènes. Citoyens rassemblés. Périclès descend de la tribune à la fin d'un discours qu'il a prononcé. Anaxagore s'approche de lui.

ANAXAGORE.

Je ne crains plus que la félicité de la Grèce et le salut d'Athènes soient détruits par des querelles intestines; vous venez de prouver que les dissensions sont des sources de malheur. Périclès, que l'amour du bien public vous inspirait! Les Athéniens, en vous écoutant, ne se refusaient pas à la

conviction de la vérité; l'émotion était exprimée sur les physionomies; le sentiment
du patriotisme respirait dans les bons citoyens, les méchans frémissaient, les en-
vieux pâlissaient. Continuez ainsi: l'intelligence divine qui règle l'univers, vous a
doué des moyens de persuader les hommes et de maintenir l'ordre dans la société politique.

PÉRICLÈS.

Une impulsion intérieure, irrésistible,
m'entraîne. D'où me vient, Anaxagore, ce
courage qui s'irrite et s'exalte par les ré-
sistances, et ce désir, sans cesse renaissant,
de réaliser les plans que j'ai conçus? Faire régner les lois; opposer les forces de la
Grèce à l'ambition du monarque persan;
résister par l'énergie de la vérité aux ca-
prices de l'anarchie populaire; lutter contre la jalousie des Spartiates, dont l'orgueil

désirerait établir le monopole de la liberté dans Lacédémone, et réduire les autres
peuples à la condition des Ilotes; réprimer
enfin l'inquiétude des Samiens, et triom-
pher de tous les obstacles par l'effet des
actions éminentes et par le respect que
commande le désintéressement personnel;
telles sont les pensées qui me réveillent
dès l'aube du jour; et dans les rêves de la
nuit, les ombres de Thémistocle et de Solon m'apparaissent et m'exhortent à la per-
sévérance.

ANAXAGORE.

Votre ame, Périclès, possède l'énergie
inspirée par ce génie d'activité, qui con-
stitue et conserve les États. Mais la perfection peut-elle être partielle? Suffit-il
d'être héros et législateur? Les Muses et
les Grâces ne méritent-elles pas aussi qu'on
leur offre des hommages? Laisserez-vous
languir les beaux-arts?

PÉRICLÈS.

Je me dévoue à la pratique et à la perfection de deux arts; l'art législatif et l'art
militaire: l'un crée et l'autre maintient la
félicité publique. Les beaux-arts ont leur
charme et un mérite réel, mais secondaire.
Assurons d'abord, par le salut d'Athènes,
l'existence politique de toute la Grèce:
nous nous occuperons ensuite des moyens
d'embellir.

ANAXAGORE.

Mériterais-je d'être votre ami, Périclès,
si la vérité ne vous parlait par ma voix?
Pourquoi les progrès des beaux-arts ne
seraient-ils que des objets secondaires?
Pourquoi le nécessaire, l'utile et l'agréable
ne pourraient-ils être réunis? L'intelligence divine qui forma, qui maintient le
système de l'univers, se borna-t-elle à dé-
brouiller le chaos, à organiser les germes,

à régler le cours des astres? Ne voyons-nous pas que, tandis que sa puissance opéra ces merveilles, tandis que sa sagesse établit l'ordre, sa bonté répandit aussi les beautés les plus variées sur tous ses ouvrages? L'intelligence de notre ame n'est-elle pas une étincelle de ce feu céleste qui éclaire et vivifie le monde? Pourrions-nous faire mieux dans la sphère d'activité qui nous est assignée par le destin, que d'imiter cette intelligence divine, qui, dans le même tems, règle, conserve et embellit l'univers?

PÉRICLÈS.

Vous savez, Anaxagore, que j'ai constamment chéri les beaux-arts; mais pensez-vous que leur encouragement soit réellement utile à la conservation de la félicité publique, qui sera toujours l'unique objet de mes vœux? Pisistrate ne fut-il pas leur protecteur? ne conserva-t-il pas la tyrannie de son pouvoir arbitraire en amusant les Athéniens par des objets agréables, mais frivoles?

ANAXAGORE.

Exista-t-il jamais une chose utile, dont l'erreur et l'ambition des hommes n'aient pas abusé? Pisistrate ne fut-il pas éloquent pour fonder et maintenir l'arbitraire de son pouvoir? et Périclès n'employe-t-il pas une éloquence semblable, pour conserver cette force des lois qui assure la vraie liberté, puisqu'elle résiste au despotisme aveugle de l'anarchie? N'est-ce pas la pureté ou la perversité d'intention d'un être intelligent qui rend le même moyen salutaire ou pernicieux? Et aujourd'hui, Périclès, eussiez-vous ému les Athéniens par le laconisme d'une vérité froidement prononcée? Cette netteté d'expression qui éclaire les esprits, ces traits de sentiment qui vont au cœur, parce qu'ils partent du cœur, ne sont-ils pas inspirés par le génie de la beauté? Les effets produits par la lyre d'Orphée ne sont-ils pas l'image allégorique de l'influence des beaux-arts? Ses modulations, selon les poëtes, attirèrent les lions et les tigres, mitigèrent l'inflexibilité des dieux infernaux, désarmèrent les Euménides, et enchaînèrent Cerbère. Si le cœur de l'homme n'était adouci par tant de charmes répandus sur les instans de sa vie, l'homme ne serait-il pas le plus féroce des animaux, puisqu'il possède, par l'étendue de ses facultés, les plus grands moyens de nuire? L'espèce humaine existerait-elle encore, si la divine intelligence n'eût attaché l'attrait de la satisfaction intérieure au développement des qualités physiques et morales; si elle n'eût doué les substances alimentaires de saveurs agréables; si elle n'eût lié le grand phénomene

de la reproduction à la puissante et délicieuse ivresse de l'amour? Pourquoi l'intelligence du législateur n'imiterait-elle
pas, autant que la faiblesse de ses moyens
le permet, l'intelligence divine? Pourquoi
ne réunirait-elle pas le charme des beaux-
arts à la pratique des vertus sociales et hé-
roïques? Le peintre qui traça le tableau de
la bataille de Marathon, ne contribua-t-il
pas à nourrir dans l'ame des Athéniens ce
sentiment de valeur qui brilla de nouveau
dans le combat de Salamine? Les Athéniens
seraient-ils ce qu'ils sont, si, dans leur jeunesse, ils ne se dévouaient à la patrie en
chantant des hymnes sublimes pendant la
charmante fête d'Aglaure, alors qu'ils ju-
rent d'imiter un jour l'exemple de cette
jeune héroïne?

PÉRICLÈS.

Les vues que vos observations présentent me séduisent d'autant plus, que le

goût des beaux-arts a semé de fleurs le cours de ma vie; mais les chefs-d'œuvre d'architecture, de sculpture, de peinture, l'art dramatique et les chœurs harmoniques exigent l'emploi de ces mêmes richesses, devenues nécessaires pour armer les bras des défenseurs de la patrie.

ANAXAGORE.

Est-ce le nombre des combattans, ou leur valeur et le génie de leur chef qui décident de la victoire? Marathon et Salamine répondront à cette question. Le véritable emploi des beaux-arts, les trophées des héros, les tableaux des victoires, les chants qui signalent l'attaque, n'élèvent-ils pas l'ame des guerriers? Athènes, l'ancienne amie des beaux-arts, préserva deux fois la Grèce de l'esclavage des Persans. Conservez, méritez la confiance de vos alliés, et vous disposerez d'une partie des

richesses de la Grèce inspirée par le sentiment de la reconnaissance.

PÉRICLÈS.

Mais, qu'importe à la Grèce l'embellissement d'Athènes? Elle désire que l'empire des lois la préserve du despotisme et
de l'anarchie: tel est l'objet de ses vœux.

ANAXAGORE.

Ne serait-ce rien pour la Grèce qu'une
école commune des beaux-arts, où se dé-
velopperait le talent de ses jeunes artistes,
et qui présenterait sans cesse, dans de nouveaux chefs-d'œuvre, autant de modèles
d'imitation et une source de plaisirs dignes
de l'homme, puisqu'ils élèvent et adoucis-
sent son ame?

PÉRICLÈS.

Je vais méditer, Anaxagore, sur cette
question: mais, si vos projets sont compa-

tibles avec mes plans; s'il est utile d'embellir Athènes, il faudrait que l'entreprise
en fût dirigée par une seule personne, afin
qu'il régnât dans les travaux cette unité
de vues et cet accord qui conduit à la perfection. Anaxagore, voudriez-vous, pour-
riez-vous vous charger de cette intendance?

ANAXAGORE.

Comment cette occupation pourrait-elle
me convenir, à moi qui me suis dévoué
uniquement aux progrès des sciences; qui
passe ma vie à observer la nature, à étu-
dier les rapports qui existent entre les cau-
ses et les effets, remontant sans cesse à
la divine intelligence qui règle l'univers?
Pour qu'Athènes soit embellie, ne faut-il
pas qu'elle le soit par les chefs-d'œuvre des
arts? Ces chefs-d'œuvre ne sont-ils pas nécessairement conçus par ces génies créa-
teurs, qui savent émouvoir les organes de

l'imagination? Le véritable artiste, profondément sensible, est inspiré par le sentiment de la beauté: c'est par ce sentiment
qu'il crée les ouvrages qu'il conçoit et qu'il
dirige. La divine intelligence n'a-t-elle pas
partagé les talens? Pensez-vous qu'Ulisse
eût composé l'Odyssée, qu'Homère eût
triomphé de Troyes, que l'un ou l'autre
eût produit le système de doctrine physi-
que et morale de Thalès? Le génie de l'héroïsme ne dirige-t-il pas les organes de la
volonté du grand capitaine et du législateur? le génie de l'intelligence ne dirige
et n'inspire-t-il pas les organes de la pensée du créateur d'un système de science?
et le génie de la beauté n'inspire et ne dirige-t-il pas les organes de l'imagination
et de la sensibilité du vrai poëte et du
grand artiste? C'est un tel homme, Périclès, qu'il faut choisir pour l'intendant des
travaux que vous consacrerez à l'embellis-

sement d'Athènes; et de tous les hommes que je connais, Phidias, sans doute, est inspiré au degré le plus sublime par le génie de la beauté.

PÉRICLÈS.

TROISIEME DIALOGUE

PERICLÈS, PHIDIAS.

Entrée de la citadelle d'Athènes.

PÉRICLÈS.

J'ai formé le projet d'embellir Athènes ;
il est convenable que la ville habitée par
le peuple le plus vaillant et le plus éclairé,
soit la plus belle ville du monde. Ma confiance en votre génie, Phidias, est sans bornes : soyez l'intendant des travaux que je
médite. Commençons par construire le por-
tique de cette citadelle ; qu'en y entrant
chaque Athénien retrouve tracé sur les fri-

ses de ce monument, le souvenir des victoires de ses ancêtres.

PHIDIAS.

J'admire et respecte votre caractère,
Périclès, et votre confiance m'honore.
Mais je ne suis pas architecte, je suis statuaire, et je consacre ma vie à cet art qui
fait mon bonheur.

PÉRICLÈS.

Vous n'avez, je le sais, exercé que la
sculpture, mais vous avez le sentiment profond de ce qui est beau dans tous les arts.
Partageons, vous et moi, la gloire d'embellir cette ville, et comptez sur ma reconnaissance.

PHIDIAS.

Je trouve la récompense de mes travaux
dans le plaisir dont je jouis en pratiquant

mon art: d'ailleurs, je m'occupe actuelle-
ment d'une entreprise qui m'absorbera
long-tems.

PÉRICLÈS.

Quelle est cette entreprise?

PHIDIAS.

Une statue de Minerve digne du culte
des Athéniens.

PÉRICLÈS.

Confiez-moi vos pensées.

PHIDIAS.

Voici comment je conçois la figure de
la déesse. Du haut du ciel, la demeure de
son père, Minerve baisse la tête en fixant
son regard sur les événemens qui agitent
le monde; elle lit dans l'intérieur des belles ames susceptibles d'en être inspirées.
Si l'on ne voit pas en elle ce doux sourire,
cette légère inflexion de tête, ces lèvres

entr'ouvertes, ce regard de tendresse qui s'échappe de l'œil à demi voilé, ces traits, cette expression qui caractérisent la mère de l'amour, c'est que Minerve, dans sa pureté virginale, s'est uniquement dévouée à inspirer la sagesse; ne connaissant d'autre empressement que de guider les hommes dans les routes escarpées de la vertu, de les préserver de la séduction des vices, et de les défendre contre les attentats du crime sous son égide protectrice. Le calme s'exprime dans son attitude, parce qu'elle est la seule divinité qui soit exempte de passion. La majesté et la beauté de ses traits annoncent la déesse fille de Jupiter. La précision de ses formes témoigne qu'elles ne sont ni exagérées par l'essor d'une violence de caractère, ni émoussées par l'apathie de la faiblesse. Si son front ouvert ne se sillonne pas comme celui de l'austère Némésis, c'est qu'elle est plus

occupée d'exciter les bonnes actions que
de punir les fautes. L'exacte proportion de
sa figure présente la déesse de la sagesse,
également éloignée des imperfections qui
pourraient être produites par un excès, ou
par un défaut dans le développement de sa
nature divine. La victoire est placée dans
sa main, parce que la prudence et la déter-
mination réunies sont la sagesse et donnent
la victoire.

PÉRICLÈS.

Cette conception est digne de vous, Phidias; mais commençons par construire les
portiques de cette citadelle. Je vous conjure de ne pas vous refuser à ma proposition; réfléchissez un instant: quel plaisir
de diriger une aussi grande entreprise! Ne
comptez-vous pas pour beaucoup le charme que vous éprouverez, lorsque vous pré-
siderez aux travaux, que vous commande-
rez aux efforts de tant d'artistes célèbres?

PHIDIAS.

Le plaisir de commander, de subordon-
ner la volonté des autres à sa propre volonté, doit avoir sans doute de puissans attraits, puisque, dans tous les tems, ce plaisir a été le motif de l'ambition d'un grand
nombre d'hommes éminens. Mais la vive
et profonde félicité de l'artiste ne consiste
pas dans le sentiment d'un tel plaisir : son
bonheur est peut-être comparable à celui
d'une bonne mère, qui chérit l'être qui lui
doit l'existence. Elle l'élève avec la sollici-
tude de la tendresse, et jouit ensuite, avec
délices, des succès qu'il obtient par le développement de ses qualités.

L'artiste, dans les plus précieux momens de sa vie, est inspiré par le génie
de la beauté : sa pensée, alors, est la rapide et sublime conception de son ouvrage ; elle est le germe qui se développe en

son esprit qu'elle occupe irrésistiblement.
Bientôt empressé de mettre la main à l'œuvre, il esquisse le modèle, et ses yeux jouis-
sent de la présence réelle de l'objet qui
vivait dans son imagination. A cet en-
fantement succède, en quelque sorte, les
soins de l'éducation: l'exécution progressi-
ve dans les proportions convenables. Dans
les détails et les recherches de ce travail,
la main, exercée par la pratique, obéit à
l'entendement, et triomphe des obstacles
qu'oppose la matière.

Enfin, la production de l'art atteint sa
perfection, et c'est là l'instant de l'amour
de Pigmalion pour sa statue. En contem-
plant l'image imposante de la divinité,
chef-d'œuvre de son talent, le sculpteur
se dit dans l'ivresse de son ame: « Oui, j'ai
» donné la vie au marbre! peu d'années
» encore et je n'existerai plus! mais, dans
» les siècles futurs, placé dans le temple,

» mon ouvrage sera l'objet de la vénéra-
» tion. Le caractère de grandeur et de ma-
» jesté qu'a su lui donner mon ciseau, ex-
» citera dans les peuples le respect pour
» les dieux !» O Périclès ! content de son
sort, l'heureux artiste n'envie personne :
pas même la félicité de celui dont le mouvement des cils est obéi sur la terre et dans
les cieux.

PÉRICLÈS.

Si vous acceptiez ma proposition, Phidias, je vous promettrais de placer votre
statue de Minerve dans un temple qui serait, en effet, le plus beau temple de l'univers.

PHIDIAS.

Je résiste d'autant moins à cette promesse, que la réunion des beaux-arts est
essentiellement nécessaire pour donner
aux grandes entreprises toute la perfection dont elles sont susceptibles.

Le nombre d'hommes que le temple de-
vra probablement contenir pour célébrer
le culte dans les fêtes solennelles, doit déterminer l'étendue d'un tel édifice : telle
est la première base de proportion pour
l'architecte. L'image de la divinité doit
être assez élevée pour que toutes les personnes contenues dans le temple, puissent
être frappées de la majesté de ses traits :
telle est la première base de proportion
pour le statuaire. Dans l'espoir, quoique
incertain, qu'on érigerait un jour dans
Athènes un nouveau temple à Minerve, et
qu'on y placerait la statue dont j'ai conçu
la pensée, j'ai consulté les personnes char-
gées de l'administration du culte; j'ai consulté les Archontes; j'ai consulté l'architecte Ctésiphon. Le résultat de ces infor-
mations m'a conduit à l'opinion que la
statue de Minerve dans le temple des Hécatombes, doit avoir vingt-six coudées de

hauteur, et que les matières les plus convenables sont l'ivoire pour la figure, et l'or
pour la draperie.

La hauteur du piédestal et l'élévation
d'une telle statue exigent des formes très-
sveltes, pour que l'optique, en les raccour-
cissant, les présente à l'œil dans la proportion véritable. La grandeur du temple
déterminera le travail du ciseau : l'art veut
que les traits apperçus à une grande distance, soient prononcés d'une manière plus
précise. Si l'artiste négligeait cette obser-
vation, l'air intermédiaire affaiblirait aux
yeux du peuple le caractère de la divinité.
Ce sont là les préceptes que je réitère chaque jour à mon élève Alcamène; et vous voyez, Périclès, combien il importe que le
statuaire et l'architecte agissent de concert.
Que ne vous dois-je pas! disposez de moi.

Mais comment diriger d'autres artistes?
le cèdre, l'ivoire, le marbre, le bronze et

l'or m'obéissent et prennent les formes que mon ciseau leur prescrivent. Mais, en artiste, je ne sais moi-même qu'obéir au génie qui m'inspire; comment diriger le génie des autres?

PÉRICLÈS.

Le génie ne se dirige pas; il appartient à l'univers. L'homme de guerre excite le courage par son exemple, et retient la témérité par la discipline. L'homme d'état contient les effets désordonnés des passions par leur action et leur réaction réciproques. Quant aux hommes inspirés, l'on peut quelquefois arrêter ou détourner leurs efforts, mais l'on ne peut influer sur eux qu'en leur offrant le point de vérité dans lequel le beau, l'utile et le nécessaire se réunissent. Consultez Anaxagore. Nous sommes acteurs; vous, comme créateur d'ouvrages immortels par leur beauté comme par leur perfection; moi,

comme homme d'état et de guerre; Anaxagore est spectateur du drame de ce monde: il l'apprécie d'autant mieux, que toute
son existence est concentrée dans l'amour
de la vérité.

PHIDIAS.

Serait-il impossible d'entreprendre, aus-
sitôt et en même tems, la construction des
portiques de la citadelle et celle du temple
de Minerve?

PÉRICLÈS.

Et pourquoi cela serait-il impossible?
Minerve est la déesse de la sagesse; puis-
se-t-elle être révérée par-tout, dans tous
les temples, et par tous les mortels!... Mais
quel subit coup de tonnerre!

PHIDIAS.

Croyons, Périclès, que c'est la voix de
Jupiter. Il applaudit aux hommages qu'on
va rendre à sa fille.

PÉRICLÈS.

QUATRIEME DIALOGUE

ANAXAGORE, PHIDIAS.

Anaxagore, assis sur le sommet du mont Hymète, à l'approche d'une belle nuit, est entouré d'instrumens de mathématiques pour observer les astres et calculer leurs cours. Phidias arrive, s'arrête en gardant le silence, et craint d'interrompre le travail du philosophe qui l'apperçoit tout-à-coup.

ANAXAGORE.

Quoi! vous en ces lieux, Phidias! et à cette heure ?

PHIDIAS.

Je vous cherche depuis l'aube du jour chez vous, chez vos disciples, chez vos amis, sur la grande place d'Athènes. J'apprends que vous êtes ici, j'y suis venu: mais, après avoir parcouru les forêts de cette montagne, je vous trouve occupé de tels objets que je n'ose vous dérober des instants si précieux. J'attendrai le moment où vous vous délasserez de vos méditations.

ANAXAGORE.

Parlez, puis-je vous rendre quelque service? Après le tems donné à l'étude de la sagesse, les instans les plus doux sont ceux où l'homme peut être utile à l'homme.

PHIDIAS.

Périclès a formé le projet d'embellir Athènes; il désire que j'en dirige les travaux. Anaxagore! ne vous refusez pas à ma prière; associez-vous à moi.

ANAXAGORE.

Je ne le puis: uniquement dévoué à la

recherche de la vérité, j'ai renoncé pour
toujours à la vie active. D'ailleurs, toute
direction exécutive ne doit être confiée
qu'à une seule main : deux personnes n'ap-
percevraient jamais les objets sous le même point de vue, et, quoique l'intention
de chacune pût être bonne, elles différe-
raient souvent entr'elles.

PHIDIAS.

Je vous conjure, Anaxagore, de me com-
muniquer au moins vos idées sur les principes de conduite qui doivent me guider
dans la position où je me trouve.

ANAXAGORE.

Je vous parlerai, Phidias, puisque vous
l'exigez, avec le sentiment de franchise
qui caractérise l'ami de la vérité.

Ce ne sera pas vous, mais le génie seul
de la beauté qui inspirera les artistes as-

sociés à vos travaux: vous en serez l'organe. L'enthousiasme qui naît du sentiment vif et profond des charmes de la nature et de l'art, est inséparable de la chaleur vivifiante qui se répand dans l'ame de ceux qui entourent l'homme de génie. Artiste vous-même, soyez, avec les artistes qui vous seront subordonnés, comme Apollon dans la société des Muses. Elles sont sœurs; que les artistes vivent en frères; que chacun donne un libre essor à sa pensée; que chacun jouisse de la gloire qu'il mérite; et que l'emploi de divers talens les réunisse tous pour l'embellissement d'Athènes.

N'est-ce pas l'injustice qui excite le mécontentement, qui trouble la concorde si nécessaire à toute association? De tous les hommes, les artistes ne sont-ils pas les plus sensibles? (et peut-il en être autrement, puisque c'est cette même sensibilité, cette même mobilité d'imagination qui les rend susceptibles d'être influés par le génie des beaux-arts?) Soyez leur ami, Phidias! donnez-leur l'exemple de l'amour de la gloire qui doit présider à toute entreprise, où la perfection du travail et l'attrait de la beauté se joignent à l'utilité publique.

Dirigés dans un même sens, leurs efforts réunis feront naître des chefs-d'œuvre: coopérant pour un même but, les beaux-arts réunis produiront les plus grands effets. Par exemple, si, dans une fête destinée à perpétuer la mémoire d'un des héros de la Grèce, ses traits étaient offerts et éternisés par la sculpture; si la sublime poésie célébrait sa valeur, ses actions et sa gloire; si la musique ajoutait à l'expression et au charme de la poésie; si une danse militaire, qui serait à l'action ce que la musique est à la parole, en augmen-

tait la précision par le caractère et la variété de ses mouvemens; si la peinture or-
nait l'intérieur de l'édifice érigé pour la
solennité, et qui devrait sa solidité et sa
majesté à l'architecture; ce concours des
beaux-arts ne ferait-il pas nécessairement
une vive et profonde impression sur les
peuples?.... Il ne s'agit pas d'étonner ou
de plaire; il s'agit d'émouvoir, il s'agit de
porter à l'amour de toutes les vertus et
d'en rendre la pratique générale: tel est,
pour l'ami des hommes, le véritable objet
des beaux-arts. Consacrés par cet usage auguste, ils élèvent l'ame vers l'intelligence
qui régla l'ordre de l'univers: chacune de
nos divinités n'est-elle pas en effet l'image
allégorique d'une des perfections de cette
intelligence? chacune des qualités transcendantes de nos héros n'en est-elle pas
une émanation?

PHIDIAS.

Je conçois la possibilité d'être utile à la patrie dans l'intendance que Périclès m'a confiée : mais combien de momens perdus pour l'exercice de mon art, source unique, jusqu'à ce jour, de ma félicité !

ANAXAGORE.

Pourrez-vous les regretter, lorsque vous sentirez que, semblable aux dieux, vous deviendrez le bienfaiteur de l'humanité ? L'intendant des grands travaux destinés à embellir Athènes, se bornera-t-il à l'application des principes déjà connus ? ne saisira-t-il pas cette occasion de reculer les limites des beaux-arts, qui se trouvent placées bien au-delà du point où nous sommes déjà parvenus ? Les constitutions politiques périssent, mais les connaissances utiles et belles s'accroissent d'âge en âge, comme il est aisé de s'en convaincre en comparant les ouvrages de nos ancêtres avec ceux de notre tems. Les principes élémentaires des arts, recueillis par les Éthiopiens dans les Indes, par les Égyptiens chez les Éthiopiens, par les Tyriens chez tous les peuples, furent apportés en Grèce par quelques Tyriens et quelques Égyptiens, qui en firent usage pour civiliser les peuples, encore sauvages, de cette contrée. Ils s'y développèrent rapidement et parvinrent bientôt à la perfection. N'en doutons pas, ces trésors augmentés de siècle en siècle, seront transmis par nous, avec une addition considérable, aux peuples Hyperboréens, et aux races futures!

Vous disposerez de grands moyens, Phidias! n'en destinerez-vous pas une partie à exciter l'émulation des différentes classes d'hommes qui se dévouent aux progrès des arts, qui concourent à leur perfection par leurs efforts, et dont le véritable point de liaison, si l'on en saisit bien l'ensemble, se trouve dans la distribution sage et éclairée des encouragemens?

PHIDIAS.

Faites-moi part de vos idées à cet égard.

ANAXAGORE.

La première classe d'hommes qui contribuent aux progrès des beaux-arts, est celle des *compositeurs:* ce sont vos émules, Phidias. Doués d'un coup d'œil rapide, juste, vaste et profond, d'une imagination féconde, ardente et flexible; possédant, sur-tout, le don inappréciable d'identifier leur ame avec les objets qu'ils représentent, ils créent des genres nouveaux, ils fixent le goût de leur siècle, et offrent, par leurs chefs-d'œuvre, des modèles aux siècles à venir. C'est ainsi qu'Homère fut le père de l'épopée; qu'Eschyle inventa la tragédie; que vous donnez, Phidias, le type des formes sublimes qui conviennent à nos divinités. De tels hommes sont inspirés; on ne les dirige pas. La reconnaissance prescrit de les honorer et de les encourager; mais elle devient un devoir, sans doute, lorsque leur génie se porte à la bienfaisance, en exprimant le charme des vertus morales et patriotiques; en imprimant dans les cœurs le respect pour les dieux. Confidens chéris de la nature, et passionnés pour ses attraits, ils évitent les écarts de cette imagination fougueuse, qui, dans l'enfance des peuples, produisit les Dragons, les Chimères, les Sphinxs, les Griffons, les Hydres, les Gorgones et tant d'autres monstres, dont l'audacieuse invention n'a plus, aujourd'hui, que le faible mérite d'une allégorie voilée, souvent exprimée dans un style d'enflure et d'exagération.

La seconde classe est celle des *professeurs*. Ils apperçoivent et développent les talens qui naissent dans nos lycées; ils indiquent les grands modèles qui doivent servir d'exemples; ils analysent et déduisent les règles qu'il faut suivre dans l'imitation; ils expliquent les motifs des préceptes avec une telle clarté, qu'il en résulte l'intime conviction; ils démontrent principalement que, dans tout le cours de sa vie, l'artiste ne doit jamais s'écarter de l'application des principes élémentaires; et que c'est la seule route par laquelle il puisse arriver à la gloire, et dépasser les bornes de cette médiocrité que l'amateur des beaux-arts ne tolère point.

Les professeurs qui perfectionnent les méthodes d'instruction, ou qui forment des artistes distingués, acquèrent de grands droits, non seulement à la reconnaissance de leurs contemporains, mais aussi à celle

des races futures auxquelles ils préparent
les jouissances qui dérivent de la pratique
des beaux-arts. Leurs succès prouvent également un zèle infatigable et une vive affection pour leurs élèves: et si cet heureux mé-
lange de douceur et d'énergie de caractère,
est indispensable à ceux qui se vouent à
l'éducation de la jeunesse, combien n'est-il
pas plus nécessaire, sans doute, pour ceux
qui président à l'éducation des artistes?

La troisième classe est celle des *artistes*,
(proprement dits) qui exécutent les conceptions des compositeurs. Ils réalisent ce
qui n'était encore que des pensées indi-
quées par des notes, des esquisses ou des
plans; et agissent immédiatement sur l'ame
par l'organe de l'ouïe, ou par celui de la
vue, selon le genre des beaux-arts qu'ils
exercent.

L'artiste n'approche de la perfection,
qu'autant que, dans l'exécution de ce

qu'il entreprend, il a la sagesse de ne rien omettre d'essentiel; de donner la plus grande précision à chaque partie; et de combiner l'unité de thême et d'intention avec cette variété dans les formes, dont l'ensemble est, sans contredit, l'attrait le plus puissant de la beauté. Il doit éviter, avec soin, de multiplier les ornemens frivoles qui fatiguent sans satisfaire; se pénétrer profondément de l'intention du compositeur, afin d'émouvoir par l'énergie de son exécution, dont la facilité, fruit du talent et de l'exercice réunis, en y ajoutant une grâce inappréciable, produit le plus grand effet par le moindre effort possible. Il doit, enfin, donner de la grandeur à son style, en sacrifiant les objets les moins importans, et en prononçant avec force les traits caractéristiques. C'est alors qu'il est certain d'enchanter les vrais connaisseurs.

Un tel artiste mérite des encouragemens et une vive reconnaissance. Il influe sur l'esprit national, en prêtant, par son art, de nouveaux charmes à la vertu ; soit qu'il présente l'image de la divinité, ou qu'il lui érige des temples dignes de la majesté de son culte ; soit qu'il embellisse, par l'harmonie, les préceptes de la sagesse et l'éloge des bonnes actions.

La quatrième classe est celle des *mathématiciens*. Observateurs des proportions d'intervalle et d'étendue auxquelles l'intelligence divine, ordonnatrice de l'univers, imprima le caractère de la beauté, ils en apprécient les rapports en nombres et en grandeurs. En cherchant la mesure commune pour les diverses oscillations de l'air qui agissent sur l'ame par l'organe de l'ouïe ; ils inventèrent le monocorde. En cherchant la mesure commune pour les objets qui agissent sur l'ame par l'organe

de la vue, ils inventèrent le module, dont
l'application, variée par les architectes, a
déterminé nos ordres d'architecture; et
dont l'emploi vous est trop familier, Phidias, pour qu'il soit nécessaire de vous en
entretenir davantage. Dans la musique,
les rapports qui existent entre le son, la
tierce, la quinte et l'octave, sont connus,
ainsi que l'effet des dissonnances en général; mais il est, sans doute, possible de
diviser encore et de rapprocher les intervalles de celles-ci, d'une manière capable
de caractériser, avec plus de justesse, l'expression de chaque sentiment, et de perfectionner, par conséquent, le résultat des
différens modes.

C'est sur le calcul des intervalles de la
gamme, qu'est fondée l'invention des instrumens de musique: l'on exécute, dans
leur construction, ce que les mathématiciens déterminent à cet égard. La qualité

du son d'un instrument dépend de sa forme et de la nature de la matière employée
pour le faire. Ainsi, les oscillations de l'air
produites par les vibrations d'un métal,
font, sur le sens de l'ouïe, une impression
différente de celle qui provient de la vibra-
tion de substances ligneuses. Quant à la
forme, elle est ou concave, semblable à la
glotte de l'homme; telle est la forme des
instrumens à vent: ou convexe; telle est la
forme cylindrique des cordes: ou compo-
sée de surfaces planes, comme on l'observe
dans plusieurs instrumens à répercussion.
La forme concave donne des sons plus
moëlleux; la forme convexe donne des sons
plus précis; la surface plane produit des
sons plus énergiques: les lois de l'acoustique expliquent la raison de ces différences. Il est facile de concevoir combien l'on
peut, par la combinaison des formes, varier les instrumens de musique; offrir, par

cela même, un champ plus vaste au génie du compositeur comme au talent de l'artiste, et ajouter aux richesses de l'art des moyens nouveaux, plus ou moins propres à exprimer les diverses affections de l'ame, et à accompagner la voix dans toutes les situations.

Les inventeurs d'un mode, d'un instrument, d'un ordre d'architecture nouveaux, méritent des éloges et des encouragemens.

Enfin la cinquième classe; les *Hermétistes* (chimistes). Ils imitent, dans les petits détails, ce que fit l'intelligence divine à l'égard de l'univers, en démêlant le chaos, rapprochant les matières semblables, et créant, ainsi, l'ordre et la beauté de la nature. L'Hermétiste, au moyen des deux grands agens, du feu et de l'eau, fond, épure, extrait, dissout et rapproche les molécules similaires mêlées et confondues dans les substances minérales, végétales

et animales : il les réunit pour former des
combinaisons nouvelles. C'est ainsi qu'il
produit les couleurs qui servent à la peinture ; qu'il extrait, par la fusion, les mé-
taux dont la musique instrumentale fait
usage comme corps sonores ; qu'il épure
et durcit les terres, et qu'il compose le
bronze que la sculpture emploie comme
moyens plastiques, pour multiplier les
moulées de ses chefs d'œuvre : l'Hermétiste, en un mot, fournit, varie et multiplie les matériaux que les beaux-arts met-
tent en œuvre. Ses découvertes ne peuvent
donc qu'être fortement encouragées par
l'intendant des immenses travaux aux-
quels tous les arts vont concourir.

Oui, Phidias, c'est en distinguant les
hommes éminens de toutes ces classes, que
vous marcherez sûrement vers le grand but
que vous vous proposez ; et tandis qu'A-
thènes s'embellira, vous obtiendrez un

succès plus important encore, celui d'exciter dans l'ame des Athéniens la tendance
à la perfection. Vous y réussirez, sans aucun doute, si vous ne confondez pas l'encouragement avec le salaire. Le dernier,
qui est de strict devoir, doit assurer la
subsistance aisée de l'homme qui se dévoue aux beaux-arts; l'encouragement consiste dans un témoignage public d'approbation. La richesse corrompt, tandis que
la gloire est remunératrice des talens: et
les rameaux de laurier, et les couronnes
de chêne ont produit plus de chefs-d'œuvre dans la Grèce, que l'or de l'Asie n'en
a produit dans la Perse. Lorsqu'aux fêtes
des Panathénées, les peuples de l'Attique
arriveront pour immoler les Hécatombes;
précédés des processions de vieillards a-
yant en mains des branches d'olivier, et
accompagnés de jeunes vierges sacrées portant des corbeilles de fleurs; lorsqu'à ces

fêtes, dis-je, les drames nouveaux excite-
ront l'admiration; que les concerts de musique se feront entendre dans l'Odéon; que
les portiques étonneront par la majesté de
leur architecture, et que la statue de Minerve inspirera la vénération la plus profonde; ce sera alors que toutes les voix
réunies feront retentir l'honorable aveu,
que, sous l'intendance de Phidias, les
beaux-arts ont fait des progrès.

PHIDIAS.

C'est vous, Anaxagore, qui méritez la
reconnaissance des Athéniens: vous! qui
réunissez de profondes connaissances à la
pratique de toutes les vertus; vous! l'ami
de Thémistocle jusqu'à sa mort; vous! qui
formâtes le caractère de Périclès; vous!
l'instituteur d'Euripide; vous! mon guide
dans la carrière que je dois parcourir pour
embellir Athènes. Si Périclès et les Athé-

niens voulaient m'en croire, ils vous adop-
teraient comme citoyen; ils confieraient à
votre sagesse les intérêts de l'État: vous ne
seriez plus Anaxagore de Clasomène; Athènes serait votre patrie.

ANAXAGORE.

Levez les yeux, ô Phidias! voyez ces
astres brillans dont l'ensemble forme l'u-
nivers. Voilà la patrie de celui qui mépri-
sant les richesses, qui renonçant à l'ambition, qui bravant la mort, se dévoue à la
recherche de la vérité: s'élançant, par sa
pensée, vers la divine intelligence qui créa
l'ordre et la beauté de la nature.

Mais la nuit avance; je vais reprendre
le fil de mes observations astronomiques.

PÉRICLÈS.

CINQUIEME DIALOGUE

PHIDIAS, MNÉSIAS, ALCAMÈNE.

Atelier d'Alcamène qui s'occupe à sculpter.

PHIDIAS.

Alcamène! je viens vous prier, au nom de Périclès, de faire le buste de Mnésias : il doit orner l'Odéon. Les plans de cet édifice, consacré à la musique, ont été concertés entre nos architectes et cet homme excellent, qui possède des connaissances profondes dans son art, bien qu'il ne soit encore qu'à la fleur de son âge. La musique produira le plus grand effet dans cet amphithéâtre, construit selon les principes combinés de l'architecture et de l'acoustique.

L'époque présente est rare et précieuse pour les progrès des beaux-arts; les entreprises et les encouragemens de Périclès rapprochent et réunissent les talens les plus distingués. Puisse-t-il vivre long-tems! je suis souvent inquiété par la crainte qu'il ne succombe sous les efforts d'un travail continuel de l'esprit; profitons du moment pour réaliser ses belles et grandes idées.

En assistant aux conférences de Mnésias avec nos architectes, je me suis convaincu de nouveau, que la communication des lumières conduit toujours à des résultats intéressans. Tandis qu'il applaudissait aux conceptions de l'architecture, qui construit dans le même esprit que la nature organise, en imprimant aux parties essentielles le caractère de grandeur et de simplicité, et en donnant aux accessoires les attraits de l'élégance et de la variété; tandis qu'il contemplait avec plaisir, dans les ouvrages majestueux de cet art, les proportions des grandes masses, l'unité du centre, la symétrie des faces, la richesse et la diversité des détails qui ornent les entablemens, les frises et les corniches, j'observais de mon côté le noble caractère des différens ordres; et je remarquais dans les colonnes la solidité de cette même ligne perpendiculaire, dont l'à plomb guide les peintres et les sculpteurs dans la composition correcte de leurs figures. Je serai charmé, je l'avoue, quand j'aurai réussi à cimenter une liaison personnelle entre Alcamène et Mnésias.

MNÉSIAS.

Permettez, Alcamène, que notre connaissance commence par le sentiment d'admiration que m'inspireront vos ouvrages! quelle est la grande composition qui remplit le fond de cette salle?

ALCAMÈNE.

C'est le modèle du fronton qui décorera le temple des Hécatombes. Vous voyez que l'apparition de Minerve à l'assemblée des dieux, est l'objet représenté dans ce bas-relief.

PHIDIAS.

J'admire l'élégance des contours: chaque jour, Alcamène, vous faites des progrès dans cette belle partie de l'art. Quoique je la sacrifie quelquefois à l'expression des caractères, je n'en sens pas moins le mérite.

MNÉSIAS.

Daigneriez-vous, Alcamène, m'expliquer les principes que vous suivez à cet égard?

ALCAMÈNE.

Examinez cette urne, exécutée d'après les dessins d'un habile architecte; l'élégance du trait qui en trace les contours charme l'œil. Ce trait forme une ligne elliptique, qui est en effet la véritable ligne de beauté, dont les caractères universels consistent, comme vous le savez, dans la combinaison de l'unité et de la variété.

La ligne elliptique présente, en coulant, un contour sans cesse varié, tandis que la ligne circulaire et la ligne droite sont constamment, et dans chacune de leurs parties, semblables à elles-mêmes. De toutes les lignes elliptiques, celle qui tient, en quelque sorte, le milieu entre la ligne droite et la ligne circulaire, est la plus belle, parce qu'elle est la plus variée dans la courbure de ses élémens. En la construisant sur des dimensions plus ou moins grandes ; en combinant ses segmens en sinuosités alternativement saillantes et rentrantes, l'artiste peut diversifier à l'infini la beauté de ses vases.

Le sculpteur et le peintre ne construisent pas machinalement l'ellipse ; ils ont l'équerre et le compas dans l'œil ; le goût et le sentiment du beau les inspirent dans le travail, et ramènent sans cesse leur pinceau et leur ciseau vers cette ligne de beauté, ondoyante dans les contours de leurs ouvrages.

MNÉSIAS.

L'art de la musique a, sans doute aussi, des ressources fécondes pour répandre le charme de la variété dans ses mélodies. Tantôt la douceur du genre enharmonique sait émouvoir le cœur ; d'autres fois le genre diatonique, en réunissant des systêmes différens dans la division des intervalles, sait exprimer l'agitation des passions

diverses; enfin, dans les objets tragiques,
le genre chromatique imite, par une suite
de demi-tons, les accens de la douleur. Le
rythme, la vîtesse et la lenteur alternati-
ves des mouvemens; la force et l'adoucis-
sement des intonations; et même, les tem-
péramens, nécessairement différens dans
la construction de chaque espèce d'instrumens, sont des sources de variété, dont les
effets et la puissance se font sentir dans
l'emploi des modes Lydiens, Phrygiens,
Doriens et autres. Toutes ces sources de variété sont commensurables par la division
du Monocorde, et soumises au calcul, ap-
proximatif selon le systême de Pithagore,
fondé sur le nombre des vibrations; mais
dans l'exécution de la musique, le sentiment de l'artiste sera toujours le trésor le
plus inépuisable, en réunissant à l'unité
touchante de la mélodie, le plus grand
charme d'une satisfaisante variété. L'arti-

ste observe et doit observer sans doute l'annotation de la Mélopée; c'est son guide, sur-tout à l'égard du son dominant; mais la musique étant l'expression du sentiment, elle doit marcher sur la même ligne: dans les positions ordinaires et dans les ames communes, il est comprimé par les obstacles et les considérations; mais l'ame vivement et profondément émue connait-elle des bornes, lorsque sa piété s'élance vers la divine source d'amour et de perfections? lorsqu'elle brave les tourmens et les dangers pour sauver l'objet qu'elle chérit? lorsqu'elle se dévoue à la destruction de l'existence actuelle pour le salut public? L'artiste, dans son enthousiasme et dans les instans rares d'une expression de Mélopée sublime, sera-t-il arrêté par le froid calcul des intervalles et des tems?... Non: guidé par son sentiment intime, inspiré par le génie de la beauté, il donnera à l'ex-

pression des gradations et des nuances, en
ajoutant ou en retranchant des élémens
incommensurables de ton; en rendant la
vîtesse du mouvement ou plus lente ou plus
prompte. J'ai recueilli plusieurs observations, à cet égard, dont je n'ai pas le loisir
de former un système complet : peut-être
qu'un jour mon fils Aristoxène développe-
ra mes idées : quoiqu'enfant, il est doué
d'une intelligence rare et d'une sensibilité
profonde pour les beautés de la musique.
Parlons maintenant de votre superbe ouvrage, Alcamène, ou plutôt, permettez
que je consacre un autre jour tout entier
à la contemplation de cette belle et riche
composition. Je vois à côté de moi le buste
d'Anaxagore?

ALCAMÈNE.

Périclès veut le placer dans le lycée. Ce
n'est encore qu'une première ébauche.

MNÉSIAS.

Convenons, Phidias, que la ressemblance est parfaite.

PHIDIAS.

Ce buste sera très-beau, sans doute, quand il sera terminé. La ressemblance sera probablement alors moins frappante, quoique réellement plus parfaite.

MNÉSIAS.

Permettez-moi de vous demander, Phidias, dans quel sens on peut penser que la ressemblance sera moins frappante, et toutefois plus parfaite, quand l'ouvrage sera terminé?

PHIDIAS.

Pour répondre à la question que vous me faites, il est nécessaire que je développe d'abord les principes que l'art prescrit à l'imitation de la nature.

Le peintre et le sculpteur, en représentant les objets qui s'offrent à l'organe de la vue, emploient quatre sortes d'imitations pour atteindre à la perfection: l'individuelle, la spécifique, la générique et la transcendante.

L'imitation individuelle fixe, avec toute la sagacité dont elle est capable, ses regards sur l'objet présent, et le copie avec toute l'exactitude possible. Cette fidélité, certainement, est le premier et le plus important devoir de l'artiste; elle donne de la vérité à son ouvrage; et ce caractère charme l'amateur, par le rapport de la ressemblance qu'il trouve entre les productions de la nature et les ouvrages de l'art.

L'imitation spécifique exprime, avec une précision particulière, les caractères que la nature imprime à ses productions, selon les différences d'âge, de sexe, de climat, de circonstances; et les changemens, sur-tout, qu'elle opère par les mouvemens que les passions excitent dans les parties mobiles de la figure. Ainsi l'artiste adoucit les formes de la jeunesse et du sexe; prononce plus fortement les traits virils; ennoblit ceux de l'homme vertueux; marque d'une manière distincte les physionomies nationales; et fait parler les passions par les attitudes du corps et le jeu des muscles.

L'imitation générique corrige l'ouvrage de l'art d'après les règles générales des proportions, résultats d'une longue suite d'observations comparatives, qui conduisirent à la connaissance du type selon lequel la nature forme tous les êtres appartenans à un même genre. Les légères différences qui caractérisent les individus, sont autant d'exceptions de ce type général; mais elles ne s'écartent pas des proportions essentielles, auxquelles l'artiste ramène son ouvrage, sans effacer toutefois, plus qu'il n'est nécessaire, les traits individuels qui marquent la ressemblance.

Enfin, l'imitation transcendante adopte les principes universels de la nature, qui réunit dans chacune de ses productions, l'unité, l'énergie et la grâce. L'unité consiste, en ce que l'existence d'un objet, dans un tems donné, n'a qu'un but : l'harmonie de toutes les parties qui composent son organisation concourt à la formation de cette unité. L'énergie consiste, en ce que la nature accorde à l'objet toutes les forces nécessaires pour tendre vers le but de son existence : cette énergie est tempérée, d'une manière gracieuse, par la sage économie de la nature, qui modère tout emploi superflu des forces. C'est en imitant cette marche sublime, que les Grecs ont surpassé, dans les beaux-arts, tous les autres peuples. Chez nous, le spectateur saisit avec plaisir et facilité, dans une statue, dans un buste, dans un tableau, l'intention bien choisie de l'artiste, qui, tel que la nature, n'en a jamais qu'une, et par cela même, clairement prononcée. Il voit avec satisfaction que l'ouvrage de l'art est animé, puisqu'il offre le développement nécessaire des forces; et sa jouissance n'est pas troublée par la vue d'efforts ou de contorsions inutiles, nécessairement désagréables et contraires à la nature. Aussi, tandis que nos peintres et nos sculpteurs embellissent, par des chefs-d'œuvre, les temples et les monumens de la Grèce, les voyageurs ne voient, dans la roideur des statues égyptiennes, que la représentation de figures qui semblent manquer d'ame; ils ne trouvent dans l'Inde, d'ailleurs si éclairée, que des figures mythologiques contournées, bizarres, quelquefois monstrueuses, dont le sens allégorique est difficile à saisir, et qui sont toujours dénuées de grâce et de beauté.

Tels sont les principes élémentaires d'i-mitation pour les statuaires et les peintres. Voyons maintenant le buste d'Anaxagore.

La ressemblance est frappante, parce que, dans cette première ébauche, les traits individuels sont encore exagérés: ce qui arrive involontairement à chaque artiste, par la raison que les caractères particuliers dans une physionomie étant une exception du type général, il est naturel que cette exception fasse une impression rapide, par le contraste qu'elle offre avec l'idée qu'on se forme communément de ce type; dès-lors, il est tout simple d'exprimer avec plus de force ce qu'on sent avec plus de vivacité. Mais, quand Alcamène retouchera cette première ébauche, d'après les principes de l'imitation spécifique, il adoucira quel-ques traits, qui caractérisent plutôt la ca-

ducité que la belle et heureuse vieillesse
d'Anaxagore; il fera disparaître quelques
incorrections inséparables d'un premier essai; et quand son génie transcendant aura
rendu, d'une manière simple et sublime,
la physionomie du philosophe, dont l'ame
s'élance vers l'éternelle intelligence qui
règle le système de l'univers, alors, Mnésias, dans le buste d'Anaxagore ainsi terminé, la ressemblance restera sans être
exagérée; elle sera plus parfaite, parce
qu'elle sera plus vraie sous tous les rapports.

ALCAMÈNE.

Je suis votre élève, Phidias; et vos maximes sont les miennes: mon cœur re-
connaissant n'oubliera jamais le dernier
précepte que vous me donnâtes avec une
modestie si rare: » Suivez, me dites-vous,
» suivez ma méthode, puisque vous la trou-
» vez bonne; mais imitez la nature et non

» pas mes ouvrages. Imiter un artiste, c'est
» prendre la route de la médiocrité, tandis
» que l'imitation des ouvrages de la divine
» intelligence conduit à la perfection. »

Permettez-moi maintenant, Mnésias, de
vous demander, si les principes de l'imitation musicale ont quelque analogie avec
les règles que l'art prescrit au peintre et au
sculpteur?

MNÉSIAS.

La musique imite les objets, dont la
manière d'exister peut être exprimée par
les modulations des sons, leurs mouvemens
et leur rythme. Lorsque l'artiste les imite
fidèlement, il charme par les rapports de
ressemblance et de vérité d'autant plus
agréables, qu'ils sont faciles à saisir: telle
est l'imitation individuelle de notre art.
Le plus souvent, la musique accompagne
la poésie, sa sœur; celle-ci parle à la pensée par les paroles articulées, qui sont des

signes conventionnels des idées; la musique exprime les grandes et belles conceptions de la poésie, par la langue touchante,
invariable, universelle du cœur. Dans cette langue, les sons graves, par la lenteur
de leurs vibrations, sont les plus propres
à représenter la profonde sensibilité de
l'ame; les sons aigus, par la rapidité de
leur succession, caractérisent les désirs et
les déterminations actives de la volonté;
les sons plus doux, ceux qui tiennent le
milieu dans la gradation des tons, sont, à
certains égards, en rapport avec ce calme
de l'ame produit par la sagesse du caractère; lorsque les modulations sont agitées
par des oppositions, des inversions frap-
pantes, et que la pureté du chant est troublée par les dissonnances, alors la musique exprime le tumulte des passions: et
c'est ainsi qu'elle imite les différentes situations de l'ame.

10

L'artiste imite en général la nature qui répand un charme vivement senti sur une progression de consonnances. Lorsque les dissonnances deviennent nécessaires pour peindre l'agitation du cœur, ou pour varier le chant par l'effet des contrastes, alors l'art sauve le désagrément des impressions par des transitions intermédiaires.

Enfin, les principes de l'imitation transcendante sont adoptés par les vrais artistes. Un beau morceau de musique n'offre qu'un seul motif qui se développe dans la mélodie avec la richesse, la force et la grâce que les ressources de l'art présentent au compositeur, qui sait observer cette sage sobriété, dictée par le bon goût, et si différente de la bruyante musique des peuples barbares, qui blesse souvent l'oreille et ne touche jamais le cœur.

Il est donc vrai, Phidias et Alcamène, que l'analogie existe dans les différens

arts. Les beaux-arts n'ont qu'un but, celui
d'embellir l'utile; les artistes n'ont qu'un
moyen, celui d'identifier leur ame avec
l'objet qu'ils représentent. Le beau, ce
don du ciel, ce charme que la nature, fille
de la divine intelligence, répand sur tous
ses ouvrages, est le plus touchant des bien-
faits. Artistes! nous qui nous vouons à la
culture de tous les arts, nous multiplions,
nous reproduisons, nous varions les effets
du beau! sentons nous-mêmes la dignité
d'une telle occupation! excitons les sentimens de piété; réveillons l'amour de la
gloire, et la valeur dans les combats pour
la patrie; applaudissons aux efforts de la
vertu; contribuons au bonheur de l'humanité; et qu'aucun abus de nos talens ne
nous dégrade, en nous rendant les instrumens du vice.

Il faut avouer, toutefois, que chaque
genre de beaux-arts a ses avantages et ses

inconvéniens. J'ai souvent envié la pratique de l'architecte, du peintre et du sculpteur, dont les travaux produisent des objets permanens, qui frappent la pensée
dès le premier coup-d'œil; tandis que l'auteur dramatique, qui déclame les chefs-
d'œuvre de la poésie, et l'hymnode, qui
charme par les accens de sa voix, n'émeuvent l'ame que par degrés; et que les effets
de leurs efforts sont aussi passagers que les
mouvemens de l'air qui leur servent de vé-
hicule. Mais je me console, quand je pense
qu'aucun art ne touche autant le cœur
que la musique, qui en est le langage; et
lorsque j'élève l'ame de mes auditeurs, en
chantant un hymne pour rendre hommage
aux dieux; lorsque, dans les initiations,
les odes théurgiques d'Orphée émeuvent
vivement les esprits; lorsque les canti-
ques funèbres, honorant la mémoire du citoyen qui versa son sang pour la patrie,

font couler les larmes, et que des gémisse-
mens involontaires se font entendre dans
la foule du peuple... je sens alors tout le
pouvoir de ce grand art; je sens qu'il mérite la préférence sur tous les autres, parce
qu'il influe le plus directement sur le cœur
humain; et que les hommes sont plus souvent entraînés par le sentiment du cœur,
que par les réflexions de la pensée.

ALCAMÈNE.

Voyez, Phidias, comme les traits de
Mnésias s'ennoblissent et s'animent! il me
semble voir Orphée enthousiasmé de la
beauté de son art, et prêt à dominer les
cœurs par la toute-puissance de son chant.
C'est le moment d'esquisser! Une autre
fois, Mnésias, vous examinerez mes ouvrages; je mets la main à l'œuvre: le buste
réussira.

PÉRICLÈS.

SIXIEME DIALOGUE

PÉRICLÈS, ALCIBIADE.

Appartement de Périclès. Périclès alité.

PÉRICLÈS.

Je sens que ma mort approche. C'est de vous désormais, Alcibiade, que le sort d'Athènes et de la Grèce va dépendre: il m'importe de vous entretenir de l'objet qui m'occupa pendant tout le cours de ma vie: du salut de notre patrie. La guerre du Péloponèse, rendue inévitable par la dureté, l'orgueil et l'ambition des Spartiates, n'est pas sans dangers. La sagesse, la fer-

meté, l'économie dans l'emploi des deniers
publics, et la confiance des alliés, deviennent de plus en plus nécessaires.

ALCIBIADE.

Flatté de l'estime dont vous m'honorez,
je tâcherai de vous imiter, d'achever votre
ouvrage. La gloire de votre nom a lutté
contre les projets d'oppression des Spartiates; elle a triomphé de l'anarchie des
alliés; elle a contenu l'ambition des mo-
narques persans: le tems est arrivé où les
Grecs, commandés par les Athéniens, seront enfin les maîtres du monde.

PÉRICLÈS.

Comment? et par quels moyens?

ALCIBIADE.

Commençons par conquérir la Sicile,
le continent d'Italie et l'Afrique; et nous

aurons assez d'hommes et d'argent pour détruire l'empire de Perse.

PÉRICLÈS.

Persuaderez-vous aux Grecs de seconder de tels desseins?

ALCIBIADE.

Le vœu le plus cher à mon cœur est de contribuer à la félicité des Athéniens. J'adopte, pour leur plaire, les opinions populaires; je partage leur manière de sentir, et je trouve un charme inexprimable à me dévouer à leur bonheur.

Jusqu'ici, le trésor de l'État fut riche et le peuple fut pauvre; jusqu'ici, les Athéniens bravant la mort et comme soldats, et comme matelots, et comme employés dans les travaux publics; habitant des maisons étroites et agrestes au milieu de temples, de théâtres et de portiques superbes;

ennuyés par d'anciens hymnes et des fêtes religieuses fatigantes, ignorèrent, dans
leurs tristes habitations, les jouissances des
beaux-arts. Je veux m'attacher à les rendre individuellement heureux : alors, il
me sera facile de les entraîner, par l'ap-
pât des plaisirs et des richesses, à des entreprises glorieuses, et que les dépouilles
de l'ennemi rendront lucratives. Les dangers d'un tel projet, je le sens, sont incal-
culables; mais les ressources du génie le
sont également.

PÉRICLÈS.

Pensez-vous assurer, ainsi, la prospérité
d'Athènes?

ALCIBIADE.

La félicité publique se compose de la
félicité des individus. Qu'importe à l'Athénien la magnificence de ces temples qu'il
n'habite pas? la pompe de ces fêtes reli-

gieuses qui n'ont d'autre but que la conservation d'un culte superstitieux? c'est
dans sa maison qu'il souhaite jouir du
charme des beaux-arts; qu'il veut savou-
rer les délices de la volupté: c'est là qu'il
veut satisfaire à ses fantaisies, semer des
fleurs sur le sentier de sa vie, et partici-
per aux richesses de l'État, qui n'a de puissance et de trésor, que parce que les citoyens exposent leurs jours pour en éten-
dre les conquêtes. Le goût des plaisirs do-
mine les Athéniens; c'est par cet attrait,
je le répète, que je veux les conduire à la
gloire: elle est l'ame de mon existence, et
l'espoir que les Grecs diront » qu'Alcibiade
» les étonne; qu'il fait des choses impos-
» sibles à tout autre » remplit mon cœur.
Ce n'est pas la valeur habile et rusée de
Thémistocle, ce n'est pas la sage intrépidité de Miltiade, qui excitent mon émulation; c'est l'audace infatigable, héroïque,

presque fabuleuse de Thésée : il réunit les
peuples de l'Attique ; moi je me propose
de ne former qu'un seul État de tous les
peuples de la Grèce. L'on ne va jamais plus
loin, l'on ne trouve jamais plus de ressort
en soi-même, que lorsque l'on ne met au-
cunes bornes à ses desseins ; et l'art de
captiver les cœurs en adoptant les incli-
nations, les goûts, les mœurs et les penchans de ceux qui nous entourent, cet art
que je me suis rendu familier, m'offre des
ressources infinies.

PÉRICLÈS.

Vous m'avez confié vos sentimens, vos
pensées et vos projets ; je ne puis mieux
vous témoigner ma reconnaissance, Alcibiade, qu'en vous exposant les motifs qui
m'ont guidé, les maximes que j'ai suivies
pendant quarante ans d'une heureuse administration.

J'ai constamment pensé qu'avant de former une entreprise, il fallait calculer ses
moyens; donner au hasard le moins qu'il
est possible, et se rendre, par là, maître
du succès.

Le peuple n'estime pas toujours ceux
qu'il affectionne, et méprise souvent ceux
qui le flattent. En tâchant de mériter sa
confiance par la pureté de mes intentions,
et par mon zèle pour son vrai bonheur,
j'ai soigneusement évité l'adulation et la
familiarité: je n'ai cessé de mettre une
grande distance entre ses fantaisies et la
raison qui me guidait; et loin de m'abais-
ser à partager les préjugés du grand nombre, j'ai fait tous mes efforts pour élever
jusqu'à moi des hommes doués de bonnes
qualités, sans doute, mais qui, dans la condition de soldat, d'administrateurs subal-
ternes, d'artistes ou d'artisans, ne peuvent
égaler, en expérience, l'homme d'état et

de guerre qui consacre toute son existence au bien de son pays. L'objet secret de mon cœur n'a jamais été de complaire à l'opinion, souvent bizarre, de la multitude : je n'ai recherché que le témoignage de mon sentiment intérieur.

J'ai pensé que pour ennoblir les beaux-arts, il fallait les lier à l'utilité générale ; et par la magnificence des édifices publics, la beauté des hymnes, la précision des danses, la perfection des spectacles dans les fêtes religieuses et patriotiques, arracher l'homme à la corruption de l'égoïsme, et unir ses plaisirs à l'amour des vertus et de la prospérité de l'État.

J'ai donné l'exemple de l'économie domestique et de la splendeur nationale, parce que j'ai désiré que l'Athénien fît consister sa plus grande jouissance à rendre hommage aux dieux, à célébrer la mémoire des héros de sa patrie ; parce que, dans le délire de ses passions, l'homme abusant de tout, cherche à faire oublier, par le charme des beaux-arts, ce que ses vices ont de dégoutant et de méprisable; parce qu'enfin, s'il est vrai que la subversion des Empires soit, tôt ou tard, un effet de la dépravation des mœurs, il importe de n'occuper les artistes que d'objets propres à nourrir dans les esprits le respect pour les divinités, et l'amour de la véritable gloire.

Le pauvre, comme le riche, prend part à la pompe des spectacles, à la perfection des fêtes nationales, à la majesté des temples, à l'excellence des chefs-d'œuvre dont ils sont ornés; et l'homme opulent qui, par un si noble emploi de ses richesses, multiplie les sources de la félicité de ses concitoyens, s'attache leurs cœurs par la reconnaissance, et s'érige, pour la postérité, le monument le plus durable. Mais ce luxe dans l'intérieur des maisons, cette foule

d'esclaves, ces recherches de jouissances
voluptueuses, cette profusion de meubles
précieux, à peine apperçus par quelques
compagnons de plaisirs, ne sont-ils pas
autant d'exemples dangereux, qui provo-
quent la jalousie de l'indigent, et cessent
bientôt de satisfaire le goût dépravé de
ceux qui s'y livrent?

Les beaux-arts, eux-mêmes, tombent
dans l'avilissement, lorsqu'ils ne sont plus
que les instrumens du luxe et de la corruption. L'artiste, dominé par l'amour de
son art et par le sentiment du beau, sent,
il est vrai, sans cesse, une impulsion irrésistible qui le porte à l'exécution d'ouvrages achevés : mais ne pensez-vous pas, Alcibiade, que l'aiguillon de la gloire augmen-
te son ardeur?... Imaginons ce qui se passe
dans l'ame d'un Phidias, lorsque, sous son
ciseau, le marbre prend la forme de Jupiter Olympien, l'objet futur de l'adoration

d'un grand peuple? Si ce même Phidias était forcé d'employer son talent à décorer l'appartement d'un particulier riche, mais ignorant, mais incapable de juger et d'apprécier les beautés de son travail, ne se demanderait-il pas avec amertume: » Qui » verra mon ouvrage? » Il n'en faut pas douter, Alcibiade, la perfection de l'art et la gloire de l'artiste sont inséparablement unies à l'utilité publique.

Telles sont les maximes que j'ai constamment suivies; ainsi, se sont écoulées tant d'années heureuses qui forment une belle époque dans l'histoire d'Athènes. Je dois beaucoup à la sagesse d'Anaxagore, qui rectifia mes idées. Qu'il me soit permis d'adresser des vœux à l'intelligence divine, pour que votre ami Socrate vous rende le même service. Puissiez-vous être aussi magnanime et plus constamment sage, et plus constamment heureux que Thésée! puisse la vraie félicité d'Athènes être votre ouvrage!

ALCIBIADE.

Quand je vous écoute, quand j'écoute Socrate, je me propose quelquefois de suivre ces sentiers pénibles, dans lesquels chaque pas doit être déterminé par la raison; mais lorsqu'il se présente une occasion d'obtenir les acclamations du peuple, ou d'acquérir un trophée, je m'abandonne à mon ardeur, et la passion de la gloire m'entraîne.

PÉRICLÈS.

Et moi aussi, Alcibiade, je fus enivré de gloire dans ma jeunesse! mais j'apperçus bientôt que la voix de la flatterie se mêlait aux éloges qui m'étaient prodigués, et que pour obtenir l'approbation de la multitude, je me rendais complice de ses injustices. Les remords me tourmentèrent

12

comme des furies; l'expérience et la mé-
ditation détruisirent l'illusion de la fausse
gloire; je connus, enfin, l'auguste vérité;
j'eus le courage de m'attacher à elle: le
calme de l'ame fut ma récompense. Je formai de grandes entreprises, parce que je
fus convaincu de leur utilité comme de
la possibilité de leur exécution. La vraie
gloire m'a suivi, dès que j'ai cessé de cher-
cher la fausse: ma vie s'est écoulée sans
reproches, et je meurs content.

ALCIBIADE.

Je serai vrai, Périclès. Les lumières de la
sagesse sont admirables, sans doute, par
leur pureté; mais la force des passions,
comparable dans ses effets à l'éruption des
volcans, intéresse bien plus, par son éclat,
l'ardente inquiétude de mon ame. La satisfaction du sentiment intérieur est con-
solante, sans doute; mais la douceur de

cette consolation peut-elle être comparée à l'ivresse de bonheur que causent les applaudissemens d'un peuple en foule? La délicieuse certitude d'être l'objet de la bienveillance de mille et mille individus; cette délicieuse certitude n'est-elle pas préférable au plaisir que donne le monologue de sa propre approbation, si souvent produite par l'erreur de l'égoïsme? Oui, je l'avoue, l'amour de la gloire est l'essence de mon être. Qu'un nouvel Homère célèbre un jour, en Alcibiade, un Achille nouveau; que les ciseaux des Phidias et des Alcamène futurs éternisent mes traits; que je sois assuré de l'affection de mes contemporains et de l'admiration des siècles à venir; que les dieux m'accordent un seul instant d'une telle félicité, une seule goutte de ce nectar!... à ce prix que je meure!

PÉRICLÈS.

SEPTIEME DIALOGUE

ASPASIE, PÉRICLÈS.

Appartement de Périclès, faiblement éclairé par une lampe. Aspasie est assise au chevet du lit de son époux. Sur une table sont posés les modèles des Propylées, de l'Odéon, de la chapelle d'Eleusis, du Parthénon, et le buste de Minerve.

PÉRICLÈS.

Les Athéniens perdent leur ami; vous perdez votre époux: la mort va nous séparer. O vous! qui n'avez cessé de répandre des fleurs sur le sentier pénible de ma vie, veuillez écouter ma pressante et dernière prière. Vous savez que la gloire de la Grè-

ce et le bonheur d'Athènes furent constamment l'objet de mes vœux: une cruelle in-
certitude sur les destins futurs de ma patrie me tourmente. Alcibiade est l'idole du
peuple; le sort de l'état va dépendre du
bon usage ou de l'abus qu'il fera de son
génie. Je n'ai pu lui persuader de renoncer
aux vastes projets d'une ambition témé-
raire; de respecter les mœurs; d'obéir aux
lois; de ne pas profaner les beaux-arts consacrés au bien public, en les employant
à favoriser les excès d'un luxe effréné: mes
avis paternels semblent l'avoir effarouché,
tel qu'un superbe cheval indompté, qui,
bondissant dans sa course vagabonde, ne
souffre aucun frein, franchit les obstacles,
se défend contre la main qui veut l'arrêter
au bord de l'abîme: l'autorité de son on-
cle, de son ancien tuteur lui paraît insup-
portable; la douceur seule de l'amitié peut
calmer son ardeur et le ramener de son

égarement. Compagne de Périclès ! unis-
sez vos soins à la sagesse de Socrate, que
ce soit là votre ouvrage quand je n'existerai
plus. Alcibiade vous respecte, Socrate est
son ami; voilà mon espoir.

ASPASIE.

O Périclès ! mériterais-je votre confiance,
mériterais-je le nom de votre épouse, si je
consentais à me charger d'une tâche dont
je ne saurais m'acquitter ? Uniquement
occupée du désir de vous être agréable,
j'ai craint de vous avouer jusqu'à présent,
combien le faible mérite de votre Aspasie
était inférieur a l'idée favorable que vous
en avez conçue. Mais, dans ce moment,
me taire serait tromper votre attente; et
la franchise devient un devoir. Sachez,
ô mon époux ! que si j'avais le malheur
de vous perdre, je ne serais plus, à tous
égards, qu'une femme ordinaire.

Née avec l'irrésistible besoin d'aimer, je partageai dans Milet, ma patrie, les affections de mon cœur sans les fixer jamais, parce que je n'observai, dans ceux qui furent l'objet de mon choix, qu'un assemblage de quelques qualités intéressantes ternies par des inconséquences et des foiblesses, qui les rendaient incapables, eux-mêmes, d'un parfait attachement. Je vins à Athènes; je vis l'homme qui réunit la profonde sensibilité de l'ame, l'énergie de l'héroïsme et le calme de la sagesse : mon sort fut irrévocablement décidé; je sentis que je n'existerais plus que pour lui plaire. Empressée de saisir les occasions d'attirer ses regards, je n'en pus obtenir qu'un léger sourire. Dans les larmes de déscspoir d'une passion malheureuse, j'invoquai la mère de l'amour : un doux sommeil s'empara de mes sens : en songe, je me sentis transportée au temple de Vénus Uranie.

Elle distribuait, dans le charme de sa bonté divine, ses ordres aux heures, pour lier
tout ce qui respire dans l'univers, par l'attrait du plaisir, ce grand vivificateur de la
nature. En me jetant un regard plein de
douceur, elle leur dit: " Vous êtes sœurs
" des Muses; obtenez qu'elles inspirent
" cet être sensible qui ne peut connaître le
" bonheur que par leur secours ". A l'instant, la plus jeune de ces brillantes mes-
sagères me conduisit sur le Parnasse, où
les Muses réunies au bord d'une nappe
d'eau cristalline, formée par la cascade de
l'Hippocrène, chantaient un hymne à l'in-
tellectuelle beauté. A travers le feuillage
d'une touffe de lauriers, j'entrevis Apollon
dans tout l'éclat de sa divinité; et dans un
bosquet solitaire j'apperçus la déesse de
la sagesse, la protectrice des beaux-arts,
Minerve, qui m'adressa ces paroles: " Ap-
" prends, Aspasie, que si la beauté touche,

" si les grâces agréent, la réunion seule
" des talens et de la bonté sait attacher les
" cœurs ". A mon réveil je me trouvai capable des plus grands efforts pour mériter
de plaire à celui que j'aimais sans partage. Je réussis dans l'art de la danse, du
chant et de la pantomime; la divine poésie m'inspira; ma réputation fixa bientôt
l'attention de Périclès; ô félicité! je fus
aimée!

Les yeux de la Grèce étaient fixés sur le
grand homme; et quand il daigna joindre
nos destinées, je me dis, dans l'intérieur
de mon ame: " Faisons de nouveaux efforts
" pour que cet objet de mon adoration n'ait
" pas à rougir de son choix ". Ce fut le flam-
beau de l'amour qui m'éclaira quand je
pénétrai dans le labyrinthe profond de la
philosophie; quand j'observai comment le
génie de mon époux démêlait les nœuds les
plus compliqués de la politique. M'identi-

fiant avec ses sentimens et ses pensées, je fus introduite dans le cercle des hommes illustres qui se réunissaient chez lui; et malgré le modeste silence qui convient à mon sexe, lorsque la conversation m'était adressée, j'exposais les vérités puisées dans son ame: priant, en secret, les Grâces et les Muses de m'inspirer les expressions qui pourraient lui sembler les plus agréables. Vous jouissiez de mes succès, Périclès! ils étaient votre ouvrage: d'autres Athéniens ornaient leurs compagnes de pourpre, d'or et de pierres précieuses, tandis, ô mon époux! que les trésors de ton génie brillaient en ton Aspasie!

Mais que serais-je sans toi? Ne m'as-tu pas dit, ainsi que Socrate, qu'une juste défiance de soi-même est nécessaire pour éviter les égaremens? Si j'étais condamnée à te survivre; si ce cœur, dont la sensibilité forme l'essence, et qui toujours

éprouve impérieusement le besoin d'aimer,
privé de ton appui, s'oubliait un seul instant; si la postérité demandait un jour:
" Comment Périclès put-il lier son sort à
" celui d'une telle femme ? " O mon époux!
permets qu'Aspasie t'accompagne au-delà
du tombeau! tu sais à quel supplice je fus
condamnée par le peuple, sous un faux
prétexte d'irréligion; qui me préservera
de l'opprobre quand tu ne seras plus? oui,
la coupe de ciguë que j'ai déjà préparée
va terminer ma douleur: cette coupe serait trop amère, si l'ingratitude des Athéniens en abreuvait un jour la veuve de leur
bienfaiteur! Ah! Périclès, ce lierre qui
s'élança jusqu'aux nues, en entrelaçant
ses branches avec celles du cèdre; ce lierre
a-t-il mérité de ramper dans la poussière,
quand l'arbre majestueux qui fut son sou-
tien sera détruit?

PÉRICLÈS.

Qu'entends-je! source constante de ma félicité, Aspasie! voudrais-tu, pour la première fois, me livrer aux regrets? voudrais-tu rendre plus pénibles encore les derniers momens de ma vie, en m'enlevant l'unique espoir qui me reste pour le salut d'Athènes: en coupant ainsi le fil de tes jours?

ASPASIE.

Dans l'excès de mon affliction, la pensée de revivre avec vous dans un monde meilleur ranime, seule, mon courage. Croyons avec Anaxagore, que rien n'est anéanti dans l'univers; et que si la mort décompose notre organisation, ses élémens subsistent toujours. L'élément le plus sublime dans la formation de notre existence, n'est-ce pas cette intelligence qui sent et pense en nous? cette intelligence qui conçut, en

Périclès, tant de grandes et belles entreprises qu'il sut réaliser avec héroïsme et
sagesse? et l'intelligence d'Aspasie, n'est-
elle pas ce miroir, qui reçut les images des
perfections de Périclès comme autant de
rayons de lumière, qui, réunis dans son
cœur, ainsi que dans un foyer, allumèrent
cette passion qui l'absorbe toute entière?
Nous nous retrouverons, dégagés des en-
traves qui s'opposèrent, si souvent, aux
vœux que je formai dans l'ivresse de l'a-
mour; aux vœux de m'identifier intime-
ment et à jamais avec l'ame de mon époux.
Périclès! j'ai le pressentiment de cette félicité: c'est elle qui me console.

PÉRICLÈS.

J'en accepte l'augure; puissions-nous
nous revoir, nous réunir et ne plus nous
quitter! mais quelques années de sépara-
tion ne sont qu'un instant pour l'éternité:

si mon ame est immortelle, elle planera sur Athènes, cet objet de mes sollicitudes; elle observera, avec délices, les efforts d'Aspasie sur le caractère d'Alcibiade, pour opérer le salut de la ville qui m'a vu naître. Aspasie! pourquoi te presser de mourir?

ASPASIE.

Oui, mon époux, nous avons assez vécu! le nom de Périclès est à jamais mémorable! cet être que j'adore ne périra pas!

Lorsque les jalousies des Grecs auront détruit ces États, qui, par la concorde, l'amour des beaux-arts et du bien public, ont été portés au plus haut point de grandeur et de prospérité, alors encore, et dans les tems les plus reculés, l'histoire présentera à tous les peuples l'administration de Périclès, comme un modèle de bon goût, de sagesse et de vertu: le bronze et le marbre parleront; les chefs-d'œuvre de son

siècle seront l'objet de l'étonnement et de
l'imitation des artistes futurs; et quand
la muse de la poésie célébrera ce grand
homme, peut-être daignera-t-elle dire un
mot de celle qui l'aima constamment et ne
vécut que pour lui.... Cher Périclès! le
vol de ton génie fut comparable à celui
de l'aigle de Jupiter: c'est en la portant
sur tes ailes, que tu plaças la timide et tendre Aspasie au temple de la Renommée!
que la mort ne nous sépare pas! Comblés
de gloire, réunissons-nous dans un monde
meilleur: laissons à la divine intelligence
qui règle l'univers, le soin de veiller au
salut d'Athènes; et puisse cette ville, si
souvent ingrate, mériter son bonheur!

PÉRICLÈS.

J'ai peu d'instans à vivre; les forces
m'abandonnent; mes yeux s'éteignent; je
respire à peine. Aspasie! vous souvient-il

de m'avoir promis, volontairement, de ne pas vous refuser à l'accomplissement des vœux que je pourrais vous adresser un jour?

ASPASIE.

Ah! s'il me souvient de cette promesse, de ce premier instant de félicité! qu'exiges-tu de moi?

PÉRICLÈS.

Que tu me survives pour le salut d'Athènes.

ASPASIE.

Tu le veux, Périclès! Je me dévoue à la honte, aux regrets d'une entreprise inutile. Je ne pourrai me consoler, que par la pensée que j'obéis au patriotisme de mon époux.

Périclès expire. Aspasie s'évanouit, et la lampe s'éteint.

APOTHÉOSE

DE

PÉRICLÈS.

*L'on érige un monument près du temple de Mi-
nerve. La Prêtresse descend du péristile et
lit à haute voix l'inscription.*

„ Voué à Périclès, fils de Xantippe, qui
„ battit les lieutenans du roi de Perse.
„ Périclès embellit la ville d'Athènes ; fit
„ construire le Parthénon, le sanctuaire
„ d'Éleusis, l'Odéon et les Propylées. Il dé-
„ fendit la Chersonèse ; défit les Scicyo-
„ niens ; conquit Samos ; érigea neuf tro-
„ phées pour neuf combats qu'il gagna. Pé-
„ riclès déclara que ce qu'il trouvait en lui-
„ même de glorieux, était que son ministè-
„ re n'eût fait prendre, dans aucun temps,
„ le manteau noir aux citoyens d'Athènes „.

TOUT LE PEUPLE.

Pleurons l'ami des Athéniens;
Posons ce marbre à sa mémoire.
Son coeur ne connut d'autres biens,
Que nos succès et notre gloire.
Pleurons l'ami des Athéniens,
Le meilleur de nos citoyens.

LA PRÊTRESSE.

Cessez de verser des larmes!
Votre ami jouit des charmes
De l'éternelle paix, dans le calme du coeur,
Et la félicité d'un repos enchanteur.
De ses traits de vertu la mémoire lui reste,
Il contemple à loisir la vérité céleste,
Présent objet, pour lui, d'un immortel amour.
Son bonheur, à jamais, a l'éclat d'un beau jour.
Et cette vérité, l'objet de sa tendresse,
C'est Minerve en personne ; oui, c'est notre déesse
Que nos yeux fascinés ne peuvent qu'entrevoir.
Le voile a disparu; l'adorer et la voir

Dans sa beauté sublime, est la béatitude
De l'heureux Périclès, et sa constante étude.

Dans les champs émaillés de fleurs,
Et dans cette auguste assemblée
Qui trouve enfin dans l'Élisée
La récompense des bons coeurs ;
Je l'apperçois, auprès d'une fontaine,
Dans un frais et riant vallon,
S'occupant de sa chère Athène
Avec Aristide et Solon.
Un choeur d'Artistes l'environne ;
De fleurs, Aglaure le couronne ;
Homère s'approche et lui donne
Le gage d'immortalité :
Le laurier si bien mérité
Par l'ami des beaux-arts et de l'humanité.

*La Prêtresse s'appuie contre le monument
et paraît être en extase.*

CHŒUR DE SOLDATS.

A Péricles nous devons nos conquêtes :
Par ses exploits nos destins sont changés.

Écueils et mers, au milieu des tempêtes,
Ont vu les maux des Athéniens vengés.
Nous conduisant de victoire en victoire,
Il nous créa compagnons de sa gloire.
Calme au conseil, héros dans les combats;
Modèle en tout et l'ami des soldats!

CHŒUR DE CITOYENS.

De Périclès la sublime éloquence
Tonna, dompta les haineux délateurs.
Par lui, la loi protégea l'innocence.
De notre ville écartant les malheurs,
Père du pauvre, appui de la détresse,
Il fit renaître abondance et richesse.
Par les beaux-arts il sut tout embellir,
En alliant la sagesse au plaisir.

CHŒUR D'ARTISTES.

De ce héros la gloire est votre ouvrage,
Dieu des beaux-arts! Muses filles des dieux!
Et Périclès vous rendit son hommage,
Montrant, en vous, les moyens d'être heureux;

D'arracher l'homme à ses penchans barbares;
D'encourager les talens les plus rares;
Et d'inspirer vertus et piété,
Et de conduire à l'immortalité.

CHŒUR DE FEMMES.

Le don d'aimer du sexe est l'apanage.
L'iniquité méconnut le bonheur,
En réduisant la femme à l'esclavage.
Quand Aspasie eut captivé le coeur
De Périclès, adorant sa compagne,
Il fut heureux. Ce doux sort accompagne
Celui qui sait mériter le retour
Du sentiment d'un pur et tendre amour.

TOUT LE PEUPLE.

Pleurons l'ami des Athéniens;
Vouons ce marbre à sa mémoire.
Son cœur ne voulut d'autres biens,
Que nos succès et notre gloire.
Pleurons l'ami des Athéniens,
Le meilleur de nos citoyens.

LA PRÊTRESSE

Sortant d'extase, s'écrie :

Plus de pleurs !
Qu'il renaisse !
Qu'en tes mœurs
Reparaisse
Son ardent
Sentiment
De civisme !
L'héroïsme
De son cœur
Soit modèle
De valeur
Et de zèle !
Sans vertu,
Voudrais-tu
Qu'un barbare
Dur, avare,
Foule aux pieds
Les beautés

De l'Attique ?
Et qu'un jour,
Sort inique !
Sans retour,
Par la guerre
Asservis,
Par misère
Avilis,
Dans Athène,
A la chaîne,
Tes enfans
Gémissans
Se désolent,
Sans appuis,
Sans amis
Qui consolent ?
J'apperçois,
Oui, je vois
Tes trophées,
Tes lycées
Renversés
Et brisés !

*La Prêtresse remonte au péristyle du temple
et dit :*

Plus d'un danger déjà vous environne,
Athéniens! écoutez; Minerve vous l'ordonne.

*La Prêtresse s'asseoit sur le trépied et prononce
l'oracle.*

Protégez les beaux-arts, et soyez vertueux;
Oubliant Périclès, vous serez malheureux.

FIN.

TABLE

DES DIALOGUES.

9 782329 757896